全国中等职业学校汽车类专业通用
全国技工院校汽车类专业通用（中级技能层级）

汽车材料（第四版）习题册

刘　涛　主编

中国劳动社会保障出版社

内容简介

本习题册为全国中等职业学校汽车类专业通用教材/全国技工院校汽车类专业通用教材（中级技能层级）《汽车材料（第四版）》的配套用书。本习题册按照教材章节顺序编排，内容紧扣教学要求，知识点分布均衡，题型丰富多样，习题难易适中，有助于学生复习巩固所学知识。

本习题册由刘涛担任主编，谢文全担任副主编，柏玉川、张丹丹、王芳、刘晓倩、徐桃参加编写。

图书在版编目（CIP）数据

汽车材料（第四版）习题册/刘涛主编. -- 北京：中国劳动社会保障出版社，2020
全国中等职业学校汽车类专业通用 全国技工院校汽车类专业通用. 中级技能层级
ISBN 978-7-5167-4537-3

Ⅰ. ①汽… Ⅱ. ①刘… Ⅲ. ①汽车－工程材料－中等专业学校－习题集 Ⅳ. ①U465-44

中国版本图书馆 CIP 数据核字（2020）第 093248 号

中国劳动社会保障出版社出版发行
（北京市惠新东街 1 号 邮政编码：100029）
*
三河市潮河印业有限公司印刷装订 新华书店经销

787 毫米 ×1092 毫米 16 开本 5.5 印张 127 千字
2020 年 6 月第 1 版 2022 年 12 月第 4 次印刷
定价：11.00 元

营销中心电话：400-606-6496
出版社网址：http：//www.class.com.cn
http：//jg.class.com.cn

目 录

下篇　汽车零部件材料

绪　论

一、填空题（将正确答案填写在横线上）

1. 汽车材料通常分为________________和________________两大类。

2. 汽车零部件常用材料主要包括__________、__________和__________。

3. 汽车运行材料通常是指汽车_______所消耗的材料，主要包括_______、__________、_______、__________及__________________等。

4. 目前汽车的主要燃料是_______和_______。

5. 常用的润滑材料有__________、_______和_________。

6. 汽车在运行中，为了减少各运动零部件表面之间的__________，延长机件的__________，就必须使用各种润滑材料。

二、选择题（将正确答案的代号填写在括号内）

1. 下列不属于汽车工作液的是（　　）。
   A. 制动液　　B. 液压油　　C. 润滑脂

2. 下列不属于汽车燃料的是（　　）。
   A. 汽油　　B. 乙醇汽油　　C. 煤油

3. 下列不属于柴油牌号的是（　　）。
   A. 0 号　　B. −35 号　　C. +35 号

4. 下列不属于石油替代燃料的是（　　）。
   A. 天然气　　B. 酒精　　C. 醇类燃料

5. 下列不属于汽油牌号的是（　　）。
   A. 89 号　　B. 92 号　　C. 93 号

三、判断题（正确的在括号内打“√”；错误的在括号内打“×”）

1. 玻璃属于高分子材料。（　　）

2. 为了增大汽车的安全系数，目前汽车保险杠仍然大量采用钢铁作为主要原料。（　　）

3. 汽车工业是伴随着汽车材料及其加工工艺的发展而发展的。（　　）

4. 现代汽车已经采用了更多的有色金属材料、非金属材料和粉末冶金材料，钢铁材料正逐渐被代替。（　　）

5. 汽油和轻柴油都是汽车的主要燃料。（　　）

四、简答题

1．用连线将下列汽车零件与常用的制造材料名称连接起来。

齿形链	合金铸铁
真空管	铸铝合金
正时齿轮罩	合金钢
气缸体	丁腈橡胶
活塞	工程塑料
凸轮轴	铝硅合金

2．简述汽车零部件材料的应用和发展趋势。

3．随着石油资源的减少，汽车新型燃料不断被研发出来。有哪些燃料可以替代石油产品？

上篇　汽车运行材料

第一章　汽 车 燃 料

§1—1　汽　　油

一、填空题（将正确答案填写在横线上）

1．燃料通常是指能够将自身储存的________通过化学反应（燃烧）转变为________的物质。

2．汽油是从________中提炼得到的，是由______和______元素组成的________化合物。

3．汽油使用性能的好坏对发动机的________、________、________以及____________有很大的影响。

4．汽油的蒸发性是指汽油由______态转化为______态的能力。

5．评定汽油蒸发性的指标有________和____________。

6．汽油 50% 馏出温度表示汽油的____________。它对发动机启动后到正常工作温度的____________、____________和____________有很大影响。

7．抗爆性是指汽油在发动机气缸内燃烧时，抵抗____________的能力。

8．抗爆指数表示在一般条件下汽油的________抗爆性能。

9．提高汽油辛烷值的方法，目前主要有三种：一是__________________；二是__________________；三是____________________。

10．评定汽油氧化安定性的指标有__________和____________。

二、选择题（将正确答案的代号填写在括号内）

1．控制汽油产生气阻倾向的指标是（　　）。

A．饱和蒸气压　　B．诱导期　　C．辛烷值

2．我国采用（　　）辛烷值来划分车用汽油的牌号。

A．研究法　　B．马达法　　C．计算法

3．我国车用汽油采用（　　）来划分牌号。

A．馏程　　B．辛烷值　　C．十六烷值

4．评定汽油蒸发性的指标主要有（　　）和饱和蒸气压。

A．馏程　　　　　　　B．辛烷值　　　　　　C．十六烷值

5．冬季应选择蒸气压（　　）的汽油，夏季应选择蒸气压（　　）的汽油。

A．较大　较小　　　　　　　　B．较小　较大

C．较小　较小　　　　　　　　D．较大　较大

6．汽油在使用和存储过程中质量变化的主要表现不包括（　　）。

A．蒸发　　　　　　　B．氧化、脏污　　　　C．腐蚀

三、判断题（正确的在括号内打“√”；错误的在括号内打“×”）

1．汽油的蒸发性越好，就越容易汽化，但产生气阻的倾向也越大。（　　）

2．汽油的诱导期短，不易氧化。（　　）

3．一般来说，高压缩比发动机选用高辛烷值汽油，低压缩比发动机选用低辛烷值汽油。（　　）

4．汽油的 10% 馏出温度表示汽油中轻质馏分的含量，其温度越低，汽油发动机在低温时就越容易启动。（　　）

5．汽油的辛烷值越高，其抗爆性能就越好。（　　）

6．汽油质量是影响汽车技术状况和汽车排放的重要因素。（　　）

四、名词解释

1．馏程

2．饱和蒸气压

五、简答题

1．汽油发动机对汽油的性能有哪些要求？

2．什么叫爆震燃烧？爆震燃烧对汽油机有何危害？

3．车用汽油使用注意事项有哪些？

§1—2　柴　油

一、填空题（将正确答案填写在横线上）

1．评定柴油低温流动性的主要指标有________和________。

2．为改善柴油低温流动性，除在炼制时采用________的方法外，还常采用掺入____________和添加____________________等方法来降低其凝点。

3．柴油黏度与柴油的____________、____________和____________有密切关系。

4．轻柴油应依据汽车____________和____________来选择。通常要求柴油的凝点比当地当月最低气温低________。

5．燃油的危险性主要表现在____________、____________、____________、________。

二、选择题（将正确答案的代号填写在括号内）

1．评定柴油燃烧性的指标是（　　）。

A．馏程　　B．辛烷值　　C．十六烷值

2．（　　）既是控制柴油蒸发性的指标，又是保证柴油安全性的指标。

A．馏程　　B．闪点　　C．凝点

3．我国轻柴油的牌号是按柴油的（　　）来划分的。

A．凝点　　B．冷滤点　　C．十六烷值

4. 用 –10 号柴油与 –20 号柴油各以 50% 掺和，混合后的凝点约为（　　）℃。

A. –10　　B. –13　　C. –15

5. 柴油的低温流动性是指柴油在低温下不致因凝固而失去流动能力的性能。评定低温流动性的主要指标有（　　）和冷滤点。

A. 闪点　　B. 凝点　　C. 蒸发性

三、判断题（正确的在括号内打“√”；错误的在括号内打“×”）

1. 柴油的十六烷值越低，其自燃点越低，滞燃期越短，柴油发动机工作越柔和。（　　）

2. 柴油 50% 馏出温度的高低直接影响到柴油发动机的启动性能。（　　）

3. 柴油的黏度小，能提高雾化质量、降低油耗，故柴油的黏度越小越好。（　　）

4. 不同牌号的柴油可以混合使用，也可以适当掺入汽油，以提高柴油发动机的启动性能。（　　）

5. 严禁在塑料桶中加注汽油，这主要是为了防止汽油渗漏。（　　）

6. 柴油的十六烷值高，其自燃点就低，滞燃期短，燃烧平稳，柴油发动机工作柔和，且低温启动性好，所以柴油的十六烷值越高越好。（　　）

四、名词解释

1. 滞燃期

2. 凝点

3. 闪点

五、简答题

1．柴油的主要使用性能有哪些？

2．柴油的十六烷值是不是越高越好？试说明理由。

§1—3　新　能　源

一、填空题（将正确答案填写在横线上）

1．目前正在使用和开发的汽车新能源主要有__________、_______、__________、_______和_______等。

2．以电能为动力的汽车称为__________。目前，这类汽车常用的蓄电池主要有__________、__________、__________、_______及__________等。

3．燃气的优点有_______、__________、__________、_______和____________。

4．电动汽车主要由______________、__________和__________三部分组成。

二、选择题（将正确答案的代号填写在括号内）

1．属于汽车新型燃料的是（　　）。

A．液化石油气　　B．汽油　　C．轻柴油

2．在汽车燃料中，E92 号表示（　　）的牌号。

A．车用汽油　　B．车用柴油　　C．乙醇汽油

3．目前推广应用的车用乙醇汽油牌号暂定为（　　），其他牌号将逐步推广应用。

A．E89 号、E92 号　　B．E92 号、E95 号　　C．E95 号、E98 号

4. 燃气是（　　）的统称。

A. 天然气和石油气　　B. 天然气和氢气　　C. 石油气和氢气

三、判断题（正确的在括号内打“√”；错误的在括号内打“×”）

1. 天然气与汽油相比，其辛烷值高，且排放污染小。（　　）

2. 液化石油气的特点是污染小、辛烷值较高，但储运不方便。（　　）

3. 石油气是从石油的开采和加工中得到的可燃气体，主要由丙烷、丁烷以及其他气体混合而成。（　　）

4. 纯电动汽车的优点是结构相对简单，生产工艺相对成熟，直接污染及噪声小。（　　）

四、名词解释

1. 乙醇汽油

2. 电能

五、简答题

1. 对汽车新能源有哪些要求？

2. 氢能的特点有哪些？

第二章　汽车润滑材料

§2—1　发动机润滑油

一、填空题（将正确答案填写在横线上）

1. 发动机润滑油的作用主要有________、________、________、________及________。

2. 由于________对发动机的使用性能和____________有很大影响，因此，应严格按照汽车使用说明书的规定选用。

3. 通常应根据使用地区季节气温选用不同的润滑油黏度等级，气温低的地区和季节应选用________的润滑油；反之，应选用________的润滑油。

4. 我国发动机润滑油按发动机的类型分为__________________和__________________两类，每一类润滑油又按使用性能和黏度分成若干等级。

5. 一般使用等级较高的润滑油可代替使用等级________的润滑油，但绝不能用使用等级较低的润滑油去代替使用等级较高的润滑油，否则会导致发动机____________。

6. 发动机润滑油一般由________和________组成。

7. 目前市场上的发动机润滑油按照基础油的不同，可简单分为____________和________两种，合成油又可分为________发动机润滑油和________发动机润滑油。

二、选择题（将正确答案的代号填写在括号内）

1. 发动机工作时，燃烧的废气和未完全燃烧的混合气在气缸密封不良时会蹿入（　　）。

A．曲轴箱　　B．节气门　　C．气门盖　　D．进气歧管

2. 表示油料黏度的方法主要有（　　）、运动黏度和条件黏度。

A．热力黏度　　B．环境黏度　　C．动力黏度　　D．工件黏度

3. 润滑油在氧化过程中会产生酸性物质，如各种有机酸等，虽然其酸性较弱，但在高温、高压及水汽的作用下对金属有很强的（　　）。

A．腐蚀性　　B．氧化安定性　　C．清净分散性　　D．抗酸性

4. 由于发动机内部工作环境恶劣，发动机润滑油的性能会逐渐下降。在发动机内部高温、高压等恶劣条件下，发动机润滑油会出现（　　）、失去黏度等现象，从而加速发动机内部的非正常磨损而烧坏发动机。

A．变黑　　B．变质　　C．变浓　　D．变稀

5. 清净分散性是指发动机润滑油中的（　　）与无灰分散剂能够抑制油泥、漆膜和积

炭的生成或将这些沉积物清除的能力。

A．活性剂　B．润滑剂　C．氧化剂　D．抗磨剂

6．活塞区的温差可达（　　）℃，在冬季温差更大。若发动机润滑油的黏温性差，就会出现低温时黏度过大而高温时黏度过小的现象，造成机件磨损和损坏。

A．80　B．100　C．140　D．200

7．油中生成的氧化物，不仅会使油的外观和理化性能发生变化，如颜色变暗、黏度增加、酸度（　　）等，引起机件磨损，破坏发动机正常工作，还会加速润滑油老化变质。

A．减小　B．增大　C．不变　D．为 0

8．全合成机油的更换周期为（　　）。

A．三个月或行驶 5 000 千米　B．六个月或行驶 7 500 千米

C．一年或行驶 1 万千米

三、判断题（正确的在括号内打“√”；错误的在括号内打“×”）

1．加有降凝、抗氧、抗磨、清净分散剂等多种添加剂的稠化发动机润滑油，使用时油色会很快变深，这是不正常现象，应尽快更换合适的润滑油。（　）

2．汽油发动机工作条件的苛刻程度与发动机进、排气系统中有无附加装置及其类型无关。（　）

3．SAE15W-40 为多级机油，四季通用，既可作为 15W 号用于冬季，也可作为 40 号用于夏季。（　）

4．按 API 制定的等级划分标准，汽油发动机润滑油质量等级有从 SA 级至 SN 级共 12 种，其中 SN 为最高级，润滑油品质最高。（　）

四、名词解释

1．氧化安定性

2．黏温性

3．防腐性

五、简答题

1．发动机润滑油有哪些作用？其工作环境是怎样的？对其性能有何要求？

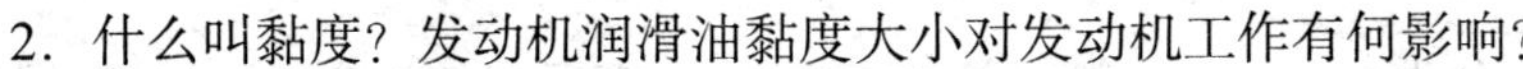

2．什么叫黏度？发动机润滑油黏度大小对发动机工作有何影响？

3．胶质是如何形成的？对发动机有何影响？

4．如何选用发动机润滑油？使用时应注意哪些事项？

§2—2　齿　轮　油

一、填空题（将正确答案填写在横线上）

1．车辆齿轮油是用于汽车____________、____________传动机构和____________的润滑油。

2．为了保证车辆齿轮传动系统的良好润滑和正常运转，对车辆齿轮油的主要性能要求有：具有良好的________，适宜的黏度和良好的________，良好的热氧化安定性，良好的低温流动性，良好的防腐、防锈性能和____________等。

3．齿轮工作的苛刻程度与齿面____________和滑动速度有关，____________和滑动速度越大，工作条件也就越苛刻，就需采用____________的齿轮油。

4．在保证润滑的前提下，应选用黏度等级________的齿轮油；应尽可能选用多级油，以避免季节换油造成的________。

5．我国车辆齿轮油分为________车辆齿轮油、________车辆齿轮油、________车辆齿轮油和____________________。

二、选择题（将正确答案的代号填写在括号内）

1．齿轮油基本不受发动机热源影响，油温的升高主要是由于传动机构摩擦产生的热量引起的，并且随周围环境气温和行驶中外部空气冷却强度的变化而变化。一般齿轮工作油温最高不超过（　　）℃。

A．90　　B．100　　C．120　　D．140

2．为延长齿轮油的使用期限，油中都加有（　　），以改善其热氧化安定性。

A．抗氧化剂　　B．抗水剂　　C．防腐剂　　D．抗磨剂

3．适用于高速冲击负荷、高速低力矩和低速高力矩下操作的各种齿轮，特别是准双曲面齿轮的齿轮油是（　　）。

A．GL–4　　B．GL–5　　C．GL–3

4．现代轿车的驱动桥齿轮采用准双曲面齿轮，因其轴线偏置量较大，在车速高时会使齿轮、齿面间的相对滑动速度很高，油温将为（　　）℃。

A．160 ~ 180　　B．180 ~ 230　　C．230 ~ 280

三、判断题（正确的在括号内打“√”；错误的在括号内打“×”）

1．油性是指齿轮油能吸附在零件的摩擦表面上，形成油膜，以减少摩擦和磨损的性能。齿轮油的油性好，其油膜形成的能力就强，能防止金属间直接接触，减小摩擦系数，增强抗磨性能。（　　）

2．齿轮油要求有良好的黏温性能，否则易造成磨损加剧，燃油消耗增多。（　　）

3．齿轮油中要添加防锈剂和防腐剂，使之在金属表面形成一层保护膜，以阻止对金属的侵蚀。（　　）

4. 为了使齿轮油泡沫生成少、消散快，油中需添加抗泡剂。 (　　)

5. 车辆齿轮油的分类和发动机润滑油一样，采用使用性能分类和黏度分类。 (　　)

6. 齿轮油的换油期一般为汽车行驶 40 000 ~ 50 000 km 更换一次。 (　　)

四、名词解释

抗磨性

五、简答题

1. 对车辆齿轮油的使用性能有什么要求？

2. 车辆齿轮油的使用注意事项有哪些？

3. 车辆齿轮油的工作条件与发动机润滑油相比有哪些特点？

§2—3 自动变速器油

一、填空题（将正确答案填写在横线上）

1．自动变速器油是车辆运行中非常重要的一种________，应具备____________、控制、________和冷却等多种功能。

2．为满足齿轮和轴承的润滑要求，减少________系统和油泵泄漏，确保换挡正常，自动变速器油的________不能过低。

3．为确保自动变速器的行星齿轮机构、轴承、垫圈和油泵等长期正常工作，要求自动变速器油必须________良好。

4．若自动变速器油在工作中产生泡沫，对自动变速器工作会带来____________，它不仅影响控制的准确性，还会影响变矩器的性能和破坏____________，是离合器烧蚀、打滑等故障产生的主要原因之一。

5．一般情况下，自动变速器油的最高工作温度是________℃，当高于此温度后，车辆会报警，有变速箱故障灯的车辆，变速箱故障灯会亮；若没有，一般发动机故障灯会亮。

二、选择题（将正确答案的代号填写在括号内）

1．综合考虑传动效率、低温启动性和润滑要求，自动变速器油（　　）℃时的运动黏度一般在 7 mm^2/s 左右。

A．100　　B．75　　C．85　　D．95

2．国产（　　）自动变速器油可用于重型货车、工程机械的液力传动系统。

A．6 号　　B．8 号　　C．8D 号　　D．100 号

3．国产（　　）自动变速器油可用于轿车和轻型货车的自动变速器。

A．6 号　　B．8 号　　C．8D 号　　D．100 号

三、判断题（正确的在括号内打“√”；错误的在括号内打“×”）

1．不同牌号、不同品种的自动变速器油不能混用，同牌号不同厂家生产的自动变速器油也不宜混用。（　　）

2．自动变速器油的抗磨性是通过四球机磨损试验、梯姆肯磨损试验和叶片泵试验来评定的。（　　）

3．100D 号和 68 号两用油适用于南方地区，100 号油适用于北方地区。（　　）

4．一般来说自动变速器油更换周期为汽车使用三年或行驶 6 万千米。随着技术的进步，目前很多车辆的自动变速器油终身免维护。（　　）

四、简答题

1. 为什么说自动变速器油的热氧化安定性是自动变速器油使用中一个极为重要的性能?

2. 选用自动变速器油品种时应遵循哪些原则?

3. 使用自动变速器油时要注意哪些事项?

§2—4 转向机油

一、填空题（将正确答案填写在横线上）

1．液压助力转向系统可以分为＿＿＿＿＿＿助力转向系统和＿＿＿＿＿＿助力转向系统两大类，但都是使用工作油液作为传动介质的。

2．长期以来，液压动力转向系统一直采用＿＿＿＿＿＿油，但目前有采用＿＿＿＿＿＿专门用油的趋势。

3．采用动力转向机专门用油可减少磨损、防止＿＿＿＿＿＿、降低工作温度、保护油封及管路，使转向机构操作＿＿＿＿、＿＿＿＿。

二、选择题（将正确答案的代号填写在括号内）

1．为了防止油液过脏或变质，在车辆使用两年或行驶（　　）万千米时更换一次转向机油比较合适。

A．10　　　B．5　　　C．3

2．如果发现转向机油（　　），则可能需要更换转向机油。

A．变浓　　　B．变稀　　　C．变黑

三、判断题（正确的在括号内打“√”；错误的在括号内打“×”）

1．检查自身带有油尺的汽车动力转向系统储油罐时，油位应在正常范围之内，即油位应在最小（min）和最大（max）之间。（　　）

2．转向机油有腐蚀性，会导致油漆失去光泽，也会导致橡胶配件老化。（　　）

四、名词解释

转向机油

五、简答题

1．如何进行转向机油的检查和保养？

2. 简述更换转向机油的操作方法。

§2—5 润 滑 脂

一、填空题（将正确答案填写在横线上）

1. 润滑脂俗称黄油，是由稠化剂和__________（基础油）组成的一种具有塑性的润滑剂，在常温下呈半固体状态。润滑脂具有许多优良性能，它是汽车中不可缺少的__________。

2. 锥入度是选用润滑脂的重要依据。负荷________、速度较低的摩擦机件，应选用锥入度________的润滑脂；反之，应选用锥入度________的润滑脂。

3. 汽车上不宜使用液体润滑剂的部位，低速、________和冲击力较大的部位，工作环境差、难以密封的部位等均使用________。

4. 润滑脂应储存在阴凉干燥的地方，不要__________，应防止日晒、雨淋和灰尘的________。

5. 我国润滑脂的稠度等级是用锥入度来划分的，稠度牌号__________，锥入度值________。

二、选择题（将正确答案的代号填写在括号内）

1. 润滑脂由基础油、稠化剂和添加剂三部分组成，一般基础油含量占75% ~ 90%，稠化剂含量占（　　），其余为添加剂。

A. 10% ~ 20%　　B. 30% ~ 40%　　C. 50% ~ 60%　　D. 70% ~ 80%

2. 滴点是润滑脂的耐热性指标，它能反映润滑脂的最高使用温度。通常，润滑脂的使用温度应比其滴点低（　　）℃。

A. 70 ~ 90　　B. 50 ~ 70　　C. 30 ~ 50　　D. 20 ~ 30

3. 下列汽车常用的润滑脂中，滴点高、抗水性强的是（　　）润滑脂。

A. 钙基　　B. 钠基　　C. 汽车通用锂基

三、判断题（正确的在括号内打“√”；错误的在括号内打“×”）

1. 汽车用润滑脂大多采用皂基稠化剂，它是由动植物油或脂肪酸与氢氧化物反应制成的，常用的有钙皂、钠皂、锂皂等。 (　　)

2. 胶体安定性是指润滑脂在一定温度和压力下保持胶体结构稳定，防止基础油从润滑脂中析出的能力。 (　　)

3. 润滑脂的品种很多，汽车常用润滑脂有钙基润滑脂、钠基润滑脂和汽车通用锂基润滑脂等。 (　　)

4. 一般情况下，润滑脂与润滑油可以混用。 (　　)

5. 润滑脂常用的添加剂有两种：一种是润滑脂所特有的，被称为胶溶剂，它不能使油皂稳定地结合；另一种添加剂与润滑油中的一样。 (　　)

四、名词解释

1. 滴点

2. 稠度

五、简答题

1. 润滑脂有何特点？

2. 润滑脂的使用注意事项有哪些?

3. 简述润滑脂的组成及各组分的作用。

第三章　汽车工作液

§3—1　制　动　液

一、填空题（将正确答案填写在横线上）

1．汽车工作液通常是指________、________、________以及________等工作介质。

2．汽车制动液俗称________，是用于汽车________制动系统中传递压力，以制止车轮转动的液体。

3．从性能上来说，制动液应具有良好的________、________、________、________和________等。

4．制动液按其组成和特性不同，通常分为________、________、________三类，目前汽车上使用的制动液是________。

5．合成型制动液是由基础液、________和________组成的。按照基础液的不同，常用的有________和________两种。

6．国家标准规定合成型制动液有________、________和________三个牌号。

二、选择题（将正确答案的代号填写在括号内）

1．评定制动液高温抗气阻性能用（　　）来表示。

A．黏温性　　B．蒸发性　　C．平衡回流沸点

2．目前我国汽车使用的制动液是（　　）型制动液。

A．醇　　B．合成　　C．矿油

3．（　　）制动液具有优异的高温抗气阻性能和低温性能，适合特殊车辆使用。

A．HZY3　　B．HZY4　　C．HZY5

4．如果使用的制动液沸点低，就容易因蒸发而在管路中产生气阻，从而导致制动失灵。因此，为保证制动安全可靠，要求制动液具有良好的（　　）。

A．高温气阻性　　B．低温流动性　　C．高温蒸发性

5．为保证制动液在低温下能使制动油缸活塞随踏板的动作灵活移动，在高温时又有适宜的黏度，不影响油缸的润滑和密封，要求制动液具有良好的（　　）和（　　）。

A．低温流动性　　B．黏温性　　C．高温气阻性

三、判断题（正确的在括号内打“√”；错误的在括号内打“×”）

1．制动液的平衡回流沸点越低，其高温抗气阻性就越好。（ ）

2．制动液的橡胶配伍性可通过皮碗试验来评定。（ ）

3．合成型制动液工作温度范围宽，黏温性好，对橡胶和金属的腐蚀均很小，适合于低速、轻负荷和制动不频繁的汽车使用。（ ）

四、简答题

1．什么叫平衡回流沸点？为什么现代高速汽车用制动液要求具有高的平衡回流沸点？

2．国产制动液分为哪几个等级？简述各等级制动液的主要特性和推荐使用范围。

3．如何选用合成型制动液？使用时应注意哪些事项？

§3—2 防 冻 液

一、填空题（将正确答案填写在横线上）

1．防冻液是一种含有特殊添加剂的________，主要用于汽车________发动机的冷却系统，以防止汽车发动机冬天冻结而损坏________、________等。

2．防冻液主要是由________与________按一定比例混合而成的。汽车常用的防冻液有________、________、________________等。

3．甘油型防冻液是以________为防冻剂与水配制而成的。

4．乙二醇型防冻液的优点是________、________、____________、____________等。但乙二醇有________，对金属有________作用。因此，常用的乙二醇型防冻液多加有________和________。

二、选择题（将正确答案的代号填写在括号内）

1．目前国内外使用最广的防冻液是（　　）型防冻液。

A．酒精　　B．甘油　　C．乙二醇

2．冷却液和浓缩液按质量分为一级品和合格品，两者的差别在于（　　）。

A．一级品的防腐性能优于合格品　　B．一级品的质量优于合格品

C．一级品的冰点低于合格品

3．乙二醇型防冻液的牌号是按（　　）划分的，在使用时应根据车辆使用地区冬季的最低气温来选择适当的牌号。

A．冰点　　B．熔点　　C．沸点

三、判断题（正确的在括号内打"√"；错误的在括号内打"×"）

1．用乙二醇浓缩液配制防冻液时，乙二醇含量越高，其冰点就越低。（　　）

2．甘油型防冻液的沸点、闪点高，不易蒸发和着火，但降低冰点的效率低、甘油用量大、成本高。（　　）

3．浓缩液是为了便于储运，使用时需加水稀释的浓缩液体，它与蒸馏水以60%：40%（体积比）混合，冰点不高于-37℃。（　　）

四、简答题

1．汽车防冻液的作用是什么？对防冻液的基本要求有哪些？

2．汽车常用的防冻液有哪几类？各有什么特点？

3．如何选用乙二醇型防冻液？使用时应注意哪些事项？

§3—3 玻璃清洗液

一、填空题（将正确答案填写在横线上）

1．玻璃清洗液的成分有________、________、________、________等，玻璃清洗液可以防冻、防腐。

2．玻璃清洗液的种类繁多，主要分为____________________、____________________和____________________三种。

二、选择题（将正确答案的代号填写在括号内）

特殊防冻型玻璃清洗液主要用于北方特别寒冷的地区，能确保汽车在零下（　　）℃时依旧不结冰。

A．40　　　　B．30　　　　C．50

三、判断题（正确的在括号内打“√”；错误的在括号内打“×”）

1．玻璃清洗液的清洁能力比水要强很多。（　　）

2．清洗玻璃只是清洗去污，所以用洗衣粉或者洗涤剂替代玻璃清洗液也可以，有时也可以直接用清水代替。（　　）

四、简答题

1．如何正确选用汽车玻璃清洗液？

2．不正确选用汽车玻璃清洗液会对汽车造成什么危害？

§3—4　空调制冷剂

一、填空题（将正确答案填写在横线上）

1．属于无机化合物的制冷剂有________、________、__________、__________等。

2．卤代烃的混合制冷剂包括________和________制冷剂。

3. R134a 是一种新型制冷剂，其标准蒸发温度为________℃，具有安全性好、________、无味、不燃烧、________、基本无毒性、______________的特点。

4. 冷冻机油在制冷系统中起到________、________、________、_________和___________等作用。

5. 冷冻机油的两个重要指标是________和________。

二、选择题（将正确答案的代号填写在括号内）

1. 无机化合物用序号（　　）表示。

A．500　　B．600　　C．700

2. 不含氢的卤代烃为氯氟化碳，写成（　　）；含氢的卤代烃为氢氯氟化碳，写成（　　）；不含氯的卤代烃为氢氟化碳，写成（　　）；碳氢化合物，写成（　　）。

A．CFC　　B．HC　　C．HFC　　D．HCFC

3. R134a 属于（　　）类制冷剂。

A．HFC　　B．HC　　C．CFC

4. 国际研究结果认为（　　）是比较理想的一种 R12 替代制冷剂。

A．R134a　　B．R22　　C．水

三、判断题（正确的在括号内打“√”；错误的在括号内打“×”）

1. 近年来，常根据制冷剂的物理组成表示制冷剂的种类。（　　）

2. 汽车空调只能用车外空气作为冷却介质。（　　）

3. 体积式压缩机是通过缩小制冷剂蒸气的体积提高其压力的，一般选用单位体积制冷量小的制冷剂。（　　）

4. 由于汽车空调制冷剂 R12 会严重破坏大气臭氧层，故目前世界各国都已禁止使用。（　　）

四、名词解释

1. 制冷剂

2. 卤代烃

五、简答题

1. 如何选用制冷剂?

2. 使用冷冻机油的注意事项有哪些?

3. 制冷剂编号是如何规定的?

§3—5　其他汽车工作介质

一、填空题（将正确答案填写在横线上）

1. 减振器油是汽车________的工作介质，它的作用是________和________来自汽车车轮的振动。

2. 减振器油应具有优良的________和良好的____________。

3. 液压油是用于____________系统中的工作介质。为保证液压系统的正常工作，液压油必须保证其具有____________和__________________。

二、选择题（将正确答案的代号填写在括号内）

1.（　　）液压油适用于环境温度变化较大和工作条件恶劣的低压液压系统。

A．L-HL　　B．L-HM　　C．L-HV　　D．L-HR

2.（　　）液压油常用于低压液压系统和传动装置，在0℃以上环境时使用。

A．L-HL　　B．L-HM　　C．L-HV　　D．L-HR

三、判断题（正确的在括号内打“√”；错误的在括号内打“×”）

1. 不同品质、不同牌号的液压油也可混合使用。（　　）

2. 汽车减振器油可以采用普通机油来代替。（　　）

四、简答题

1. 对减振器油的性能有哪些要求？使用中应注意哪些事项？

2. 汽车上常用的液压油牌号有哪些？各适用于哪些范围？使用中应注意哪些事项？

第四章　汽 车 轮 胎

§4—1　轮胎的构造与分类

一、填空题（将正确答案填写在横线上）

1．轮胎安装在轮辋上，直接与地面接触，具有________、________和__________等作用。

2．汽车轮胎按胎面花纹不同，可分为________花纹轮胎、________花纹轮胎、________花纹轮胎和________花纹轮胎。

3．汽车轮胎根据轮胎结构不同，即胎体中帘线排列方向不同，可分为__________轮胎和________轮胎两种。

4．汽车轮胎按胎体帘线材料不同，可分为________轮胎、________轮胎、________轮胎和________轮胎等。

二、选择题（将正确答案的代号填写在括号内）

1．（　　）轮胎充气压力为0.11～0.45 MPa，而且具有弹性好、断面宽、与道路接触面积大、壁薄而散热性好等优点。

A．高压　　　　B．低压　　　　C．调压

2．轮胎上的（　　）花纹主要起到快速排水的作用，但是抓地能力不足；而轮胎上的（　　）花纹拥有较高的抓地能力，但排水能力及导向性不好。因此，设计轮胎的工程师们将两种花纹混搭在一起，（　　）花纹轮胎就诞生了。

A．横向　　　　B．混合　　　　C．纵向

3．（　　）轮胎俗称原子胎或真空胎，这种轮胎是利用轮胎内壁和胎圈的气密层，保证轮胎与轮辋间具有良好的气密性，外胎兼起内胎的作用。

A．内胎　　　　B．无内胎

三、判断题（正确的在括号内打“√”；错误的在括号内打“×”）

普通斜交轮胎具有噪声小、制造容易、价格便宜等优点，因此，比子午线轮胎应用更为广泛。　（　　）

四、简答题

1. 越野花纹具有什么特点?

2. 与普通斜交轮胎相比，子午线轮胎有什么优点?

§4—2 轮胎的合理选用

一、填空题（将正确答案填写在横线上）

1. 国际标准的轮胎规格一般由六部分组成，分别是________、________、________、________、________和________。

2. 汽车轮胎的损坏形式主要有________、________、________、________和________等。

3. 轮胎的类型代号常见的表示有:“X”表示________，“R”“Z”表示________，“—”表示________。

4. 轮胎爆裂主要是由________、________引起的。

二、选择题（将正确答案的代号填写在括号内）

1. (　　) 是影响车辆对路面的反应灵敏度的主要因素。

A. 轮胎宽度　　B. 轮胎负荷指数　　C. 轮胎断面的扁平比

2. 从轮胎的构造来看，(　　) 是轮胎中强度最弱的部位，但也是轮胎中最为突出的部位。

A. 胎侧　　B. 胎面　　C. 胎圈

三、判断题（正确的在括号内打“√”；错误的在括号内打“×”）

1. 负荷指数数值越大，轮胎所能承受的负荷越小。　　(　　)

2．由于轮辋的外沿直径一般大于轮胎的内径，所以在安装时易将胎圈撕裂。（　　）

3．翻新轮胎与品牌正常新轮胎相比，最大差别在于耐磨性。（　　）

四、简答题

1．简述轮胎规格 185/70 R13 86T 中各项指标的含义。

2．选用轮胎的注意事项有哪些?

第五章　汽车美容与装饰材料

§5—1　美容护理材料

一、填空题（将正确答案填写在横线上）

1．常见的汽车清洗剂有________清洗剂、________清洗剂、________清洗剂、________清洗剂和________清洗剂等。

2．当汽车进行不脱蜡清洗时，应选用________清洗剂。该清洗剂含有表面活性剂，有很强的分解能力，能有效去除车身漆面的油污和尘埃之类的污物，具有________________、________________、________________、________________、________________、使用方便且经济等特点。

3．当汽车需要重新上蜡时，应先使用________清洗剂对汽车进行清洗。此类清洗剂含柔和性溶剂，具有较强的溶解能力，不仅可去除车身油垢，而且能把以前的蜡洗掉。

4．________清洗剂既有清洗功能，又有打蜡功能，过程非常方便快捷，但注意只适用于比较干净的车身。

5．如车身表面附有焦油、沥青等污染物，应选用____________________进行清洗。

二、选择题（将正确答案的代号填写在括号内）

1．进行车身表面清除细划痕、填平细小针孔作业应选用（　　）。

A．抛光研磨蜡　　B．喷雾蜡　　C．有色上光蜡

2.（　　）用于清洁橡胶、皮革、塑胶或塑料材质，能清洁汽车内部各部件表面的污垢。

A．塑料保护剂　　B．轮胎光亮剂　　C．皮革清洁保护剂

3．用于去除未喷漆的铝合金轮毂上的氧化膜、水斑点以及制动片粉尘等污迹的专业保护剂是（　　）。

A．铝合金抛光剂　　B．轮胎光亮剂　　C．皮革清洁保护剂

4．能快速去除玻璃上的各种污垢，还能将玻璃上的细小划痕覆盖，产生夺目的光泽，并且在玻璃表面覆盖上一层保护膜，能减少静电粉尘的积聚和紫外线侵害的专业保护剂是（　　）。

A．镀铬金属件抛光剂　　B．玻璃抛光剂　　C．铝合金抛光剂

三、判断题（正确的在括号内打“√”；错误的在括号内打“×”）

1．进行汽车清洗时，如车身附有树粘、鸟粪等污染物时，应选用焦油沥青去除剂进行

清洗。（　　）

2．去除汽车织物、丝绒、地毯、内顶板、门板、仪表板等的顽固污迹应选用丝绒清洁保护剂。（　　）

3．当汽车需要上光时，可选用抛光研磨蜡来增加其光泽。（　　）

4．进行洗车作业时，可用洗衣粉或洗洁精代替专业清洗剂洗车。（　　）

四、简答题

1．简述车蜡的作用。

2．简述常用专业保护剂的种类。

§5—2　常用装饰材料

一、填空题（将正确答案填写在横线上）

1．__________是汽车的主要装饰材料之一，在汽车上主要用于坐套、坐垫、地毯、脚垫、顶棚和内护板的内衬等。

2．纺织面料可分为__________、__________、__________和__________等。

3．高档轿车的座椅、仪表板、顶棚内衬等以及转向盘、把手、拉手等附件都可用__________进行装饰。

4．桃木内饰主要装贴在________、________、____________、________、________等部位。

5．皮革面料主要有牛皮、羊皮、猪皮等。汽车用皮革主要以________、________为主。

6．天然纤维加强复合材料因具有________、________、________以及__________的特点，正逐渐成为一种新型工程材料。

二、选择题（将正确答案的代号填写在括号内）

1．为了提升汽车档次，一般高档轿车内饰都选用（　　）材料进行装饰。

A．皮革面料　　B．纺织面料　　C．化纤织品

2．汽车车膜自面市以来，经历过茶纸、防爆膜和（　　）三个发展阶段。

A．防晒隔热膜　　B．防紫外线膜　　C．防弹膜

3．隔热性、保温性、隔紫外线、防爆性最好的车膜是（　　）。

A．茶纸　　B．防爆膜　　C．防晒隔热膜

4．防晒隔热膜能有效阻隔紫外线在（　　）以上，把红外线阻隔率提高到 30% ~ 95%。

A．80%　　B．90%　　C．95%

三、判断题（正确的在括号内打"√"；错误的在括号内打"×"）

1．仿木质内饰材料的纹路、光泽与实木材料极为相似，使用性能也一样，可完全代替木质材料。（　　）

2．黄牛皮面料具有表面细腻、手感柔软、质地坚实而富有弹性、毛孔小等特点。（　　）

3．茶纸属第一代产品，俗称太阳纸，特点为遮光性强、安装简单，且隔热性能优越。（　　）

4．车膜的主要作用是遮挡太阳的紫外线辐射，降低车内温度。（　　）

5．磁控溅射膜的自然色没有任何色素，通过沉积金属或化合物本身的颜色而形成。磁控溅射膜的颜色稳定最高可长达 10 年。（　　）

四、简答题

1．简述常用的汽车装饰材料。

2．简述车膜的主要作用和种类。

下篇　汽车零部件材料

第六章　黑色金属材料及其在汽车上的应用

§6—1　金属材料的性能

一、填空题（将正确答案填写在横线上）

1. 金属的物理性能包括________、________、________、________、________和________等。

2. 密度是指物质________________的质量。通常，密度大于 5×10^3 kg/m^3 的金属称为________；密度小于 5×10^3 kg/m^3 的金属称为________。

3. 金属的化学性能是指在室温或高温条件下金属抵抗________________的能力，一般包括____________、____________和____________。

4. 金属材料的主要力学性能指标有________、________、________、________和____________。

5. 硬度可通过硬度试验测定，常用的有________________和________________两种。

6. 金属的工艺性能是指金属材料适应________________________的能力。它包括金属的____________、________________、____________、________________和____________。

二、选择题（将正确答案的代号填写在括号内）

1. 下面不属于金属材料使用性能的是（　　）性能。
   A. 力学　　B. 物理　　C. 焊接
2. 下面不属于金属材料工艺性能的是（　　）性能。
   A. 铸造　　B. 压力加工　　C. 化学
3. 在外力作用下，金属材料抵抗永久变形和断裂的能力是金属材料的（　　）。
   A. 强度　　B. 塑性　　C. 硬度

三、判断题（正确的在括号内打“√”；错误的在括号内打“×”）

1. 金属材料在加工制造过程中表现出来的特性是金属材料的使用性能。（　　）
2. 金属材料在使用过程中所受的外力称为载荷。（　　）
3. 缓慢增加后保持大小和方向不变的载荷叫静载荷。（　　）

4．熔点是指金属从固态变为液态的最低温度。（ ）

5．导热性能好的材料，散热性能也好。（ ）

6．冲击载荷的破坏作用要比静载荷的破坏作用大。（ ）

四、名词解释

1．强度

2．抗拉强度

3．塑性

4．热处理性能

五、简答题

1．衡量塑性的技术指标有哪些？其在汽车上的应用又如何？

2．什么叫韧性？衡量韧性的技术指标是什么？一般通过什么方法来测定韧性？

3．金属的物理性能和化学性能主要有哪些？试简述它们各自的含义。

4．金属的工艺性能主要有哪些？试简述它们各自的含义。

§6—2 非合金钢

一、填空题（将正确答案填写在横线上）

1．含碳量小于 2.11% 的铁碳合金称为________，含碳量大于 2.11% 的铁碳合金称为________。

2．非合金钢以铁元素为基体，钢中除铁以外，主要元素是________，还含有少量的________、________、________和________等常存元素。

3．按钢中有害元素硫、磷含量的不同，非合金钢分为______________、______________和______________。

4．按用途不同，非合金钢分为______________和______________。

5．优质碳素结构钢按其含锰量的不同，分为________________和________________两大类。

二、选择题（将正确答案的代号填写在括号内）

1．优质碳素结构钢的牌号用两位数字表示，数字表示钢中平均含碳量的（　　）分之几。

A．十　　B．百　　C．千　　D．万

2．下列材料中，属于碳素结构钢的是（　　）。

A．ZG200–400　　B．40　　C．T8　　D．Q235A

3．（　　）是决定钢性能的主要元素。

A．碳　　B．氧　　C．铁　　D．锰

4．铸造碳钢的含碳量一般为（　　），具有较好的强度、塑性和韧性，且具有良好的焊接性能。

A．0.2% ~ 0.6%　　B．0.1% ~ 0.4%　　C．0.3% ~ 0.7%　　D．0.2% ~ 0.5%

5．下列不属于优质碳素结构钢的是（　　）。

A．渗碳钢　　B．调质钢　　C．弹簧钢　　D．合金钢

三、判断题（正确的在括号内打“√”；错误的在括号内打“×”）

1．非合金钢简称碳钢，是含碳量小于 2.11% 的铁碳合金。（　　）

2．普通含锰量钢的含锰量为 0.7% ~ 1.2%。（　　）

3．硅、锰在钢中是有益元素，它们能提高钢的强度和硬度。（　　）

4．高碳钢的含碳量约为 0.6%。（　　）

5．ZG200–400 表示屈服强度不大于 200 MPa、抗拉强度不小于 400 MPa 的铸钢。（　　）

四、简答题

1．简述含碳量对非合金钢性能的影响。

2．非合金钢是如何分类的？

3．简述优质碳素结构钢中低碳钢、中碳钢和高碳钢的性能特点。

§6—3　钢的热处理

一、填空题（将正确答案填写在横线上）

1．钢的热处理是将钢在固态下________、________和________，使钢的________发生变化，以获得所需性能的一种工艺方法。

2．热处理分为________________和________________两大类。

3．普通热处理通常是指对工件进行整体的热处理。按其加热温度和冷却方法不同，分为________、________、________和________等。

4．调质的热处理工艺是__________________。经调质处理后的钢件具有良好的________________。

5．渗碳是将钢件放在含碳介质中________并________，使活性碳原子渗入表层，以增加________含碳量的热处理工艺。

二、选择题（将正确答案的代号填写在括号内）

1．热处理可使钢材内部（　　）改变，从而改变性能。

A．性能　　B．强度　　C．组织结构　　D．化学成分

2．錾子一般用优质碳素工具钢制成，刃口部分经（　　）处理。

A．淬火 + 低温回火　　B．淬火 + 中温回火

C．淬火 + 高温回火　　D．表面淬火

3．中温回火的温度在（　　）℃范围内。

A．150 ~ 250　　B．250 ~ 500　　C．500 ~ 650　　D．650 ~ 727

4．为了提高零件表面的硬度，可对零件表面进行热处理，下列不属于热处理工艺的是（　　）。

A．表面淬火　　B．渗碳　　C．氧化　　D．喷丸处理

5．回火是在（　　）处理之后进行的一种热处理方法。

A．退火　　B．淬火　　C．正火　　D．氧化

三、判断题（正确的在括号内打“√”；错误的在括号内打“×”）

1．所有热处理都是只改变金属材料的组织结构，而不改变其化学成分。　（　　）

2．中碳钢正火处理后能获得比退火更高的强度和硬度。（　　）

3．退火就是将钢件加热到一定温度，保温一定时间后在空气中冷却的热处理工艺。（　　）

4．渗碳用钢通常采用低碳钢或低碳合金钢。（　　）

5．经过碳氮共渗后的钢件表面具有很高的硬度、耐磨性和疲劳强度，并具有一定的耐腐蚀性。（　　）

四、简答题

1．什么是正火？正火的目的有哪些？

2．什么是回火？回火的目的有哪些？

3．什么是淬火？淬火的目的有哪些？

§6—4　合　金　钢

一、填空题（将正确答案填写在横线上）

1．合金钢是指在________的基础上，冶炼时有目的地加入一些__________炼成的钢。

2．按用途不同，合金钢分为______________、______________和______________。

3．合金结构钢中的机械制造用钢按其用途和热处理特点不同，又分为______________、______________、______________、______________等。

4．特殊性能钢是指具有特殊的物理性能和化学性能的钢，常用的有________、________和________等。

二、选择题（将正确答案的代号填写在括号内）

1. 合金元素总含量在 5% ~ 10% 之间的合金钢称为（　　）合金钢。

A. 低　　B. 中　　C. 高

2. 在下列合金钢中，属于合金结构钢的是（　　），属于特殊性能钢的是（　　），属于合金弹簧钢的是（　　），属于不锈钢的是（　　）。

A. 20CrMnT　　B. 40Cr　　C. 55Si2Mn　　D. 1Cr18Ni9

3. 选择制造下列汽车零件的材料：活塞销材料为（　　），连杆材料为（　　），排气门材料为（　　），钢板弹簧材料为（　　）。

A. 4Cr9Si2　　B. 15Cr　　C. 60Si2Mn

D. 40Cr　　E. ZGMn13

三、判断题（正确的在括号内打“√”；错误的在括号内打“×”）

1. 除铁、碳外，还含有其他元素的钢都是合金钢。（　　）
2. 用于制造机械零件的合金结构钢通常是优质或高级优质钢。（　　）
3. 合金钢只有经过热处理后，才能显著提高其力学性能。（　　）
4. 耐磨钢通常是指在强烈冲击和挤压作用下具有高耐磨性能的高锰钢。（　　）

四、解释下列牌号的含义

1. 40Cr

2. Cr12MoV

3. 08F

4. 45

5. 65Mn

6．4Cr10Si2Mo

五、简答题

1．与非合金钢相比，合金钢具有哪些优点？

2．用于机械制造的合金结构钢可分为哪几类？试简述它们的含碳量范围及主要用途。

3．什么叫不锈钢？常用的不锈钢有哪几类？试简述它们各自的主要用途。

§6—5 铸　　铁

一、填空题（将正确答案填写在横线上）

1．铸铁的含碳量大于________，除铁、碳元素以外，还含有________、________、________、________等元素。

2．根据铸铁中碳存在的形式不同，常用的铸铁有________、__________、__________、__________等。

3．灰铸铁的牌号用________和一组数字表示，数字表示______________。例如，HT200 表示抗拉强度________200 MPa 的灰铸铁。

4．在________或__________中加入一定量的合金元素所形成的铸铁称为合金铸铁。合金铸铁具有________、________和________等特殊性能。汽车中常用的合金铸铁有__________和__________。

5．球墨铸铁的牌号用________和两组数字表示，第一组数字表示______________，第二组数字表示__________。

二、选择题（将正确答案的代号填写在括号内）

1．下列材料中，常用于制作发动机气缸体、气缸盖的铸铁是（　　）铸铁。

A．灰　　B．白口　　C．可锻　　D．球墨

2．汽车的铸铁用量占整车金属总量的（　　）以上。

A．50%　　B．40%　　C．60%　　D．80%

3．下列不属于蠕墨铸铁常用牌号的是（　　）。

A．RuT340　　B．RuT330　　C．RuT260　　D．65Mn

三、判断题（正确的在括号内打"√"；错误的在括号内打"×"）

1．铸铁中的碳均以石墨形式存在。（　　）

2．灰铸铁的抗压强度与钢相近。（　　）

3．可锻铸铁是指可以进行锻造加工的铸铁。（　　）

4．球墨铸铁的力学性能优于灰铸铁和可锻铸铁。（　　）

四、简答题

1．灰铸铁中的石墨以何种形式存在？它对灰铸铁的性能有何影响？

2．球墨铸铁为什么具有比灰铸铁更好的力学性能？

3．灰铸铁、可锻铸铁和球墨铸铁的牌号是怎样表示的？

4．蠕墨铸铁的石墨形态有何特点？它对铸铁性能有何影响？

第七章　有色金属材料及其在汽车上的应用

§7—1　铝及铝合金

一、填空题（将正确答案填写在横线上）

1. 材料学上通常把＿＿＿＿＿＿＿＿称为黑色金属，把除了黑色金属以外的其他金属统称为＿＿＿＿＿＿。

2. 汽车上常用的有色金属主要有＿＿＿＿、＿＿＿＿及其合金和＿＿＿＿＿＿。

3. 近年来，＿＿＿＿、＿＿＿＿、＿＿＿＿及其合金和＿＿＿＿＿＿等有色金属的应用也日趋广泛。

4. 铝合金是在纯铝中加入＿＿＿、＿＿＿、＿＿＿、＿＿＿、＿＿＿等合金元素而形成的合金。铝合金不仅保持纯铝＿＿＿＿、＿＿＿＿和＿＿＿＿的优点，其＿＿＿＿和＿＿＿＿也得到了极大提高，常用于制造质量轻、＿＿＿＿要求较高的零件。

5. 根据化学成分和生产工艺不同，铝合金分为＿＿＿＿＿＿、＿＿＿＿＿＿和＿＿＿＿＿＿三类。

6. 常用的变形铝合金有＿＿＿＿＿＿、＿＿＿＿＿＿、＿＿＿＿＿＿和＿＿＿＿＿＿四种。

7. ZAlSi12 表示含硅量为＿＿＿＿的＿＿＿＿＿＿。

二、选择题（将正确答案的代号填写在括号内）

1. 不能够热处理强化的变形铝合金是（　　）铝合金。

A．防锈　　B．硬　　C．超硬　　D．锻造

2. 铝的产量得到大幅度提高，并被广泛使用的原因之一就是铝的抗腐蚀性能好。铝具有良好抗腐蚀性能的原因是（　　）。

A．铝的化学性质不活泼

B．铝不与酸、碱反应

C．铝在常温下不与氧气反应

D．铝表面会生成一层致密的氧化铝保护膜

3. 下列不属于工业纯铝牌号的是（　　）。

A．1070A　　B．1060　　C．1050A　　D．1048

4. 制造汽车散热器使用的金属材料是（　　）铝合金。

A．变形　　B．锻造　　C．压铸

5. 制造汽车铝合金轮辋使用的金属材料是（　　）铝合金。

A. 变形　　B. 锻造　　C. 压铸

三、判断题（正确的在括号内打“√”；错误的在括号内打“×”）

1. 纯铝的强度较低，一般不用于制造机械零件。（　　）

2. 铝的导电、导热性能良好，仅次于银、铜和金，是铁的2倍，并具有良好的耐腐蚀性能。（　　）

3. 防锈铝的焊接性能良好，但切削加工性能差。（　　）

4. 变形铝合金是指适宜于压力加工成形的铝合金，其合金含量一般小于5%。（　　）

5. 铸造铝合金一般不进行压力加工，只用于铸造成形。（　　）

四、简答题

1. 简述铝及铝合金的物理性能和力学性能。

2. 纯铝有哪些特性？其在汽车上的应用有哪些？

3. 铝合金是如何分类的？

4．常用变形铝合金和铸造铝合金各有哪几种？

5．说明下列铝合金代号的名称和用途。

（1）ZL101

（2）ZL201

（3）ZL301

（4）ZL401

（5）YL102

§7—2　铜及铜合金

一、填空题（将正确答案填写在横线上）

1．纯铜颜色为________色，具有良好的________、________和________。

2．黄铜是以________为主要添加元素的铜合金。按其化学成分不同，黄铜可分为____________和____________两类。

3．黄铜具有良好的________和________，在汽车上主要用于制造________。

4．青铜是在纯铜中加入元素________形成的合金，因其呈青黑色而得名。由于需要发展了不含锡而加入________、________、________、________等其他元素的青铜，称为特殊青铜。

5．按化学成分不同，青铜可分为________和__________两大类。按加工方法不同，青铜又可分为__________和__________两种。

二、选择题（将正确答案的代号填写在括号内）

1．汽车上用于制造导线的材料是（　　）。

A．铝合金　　B．纯铜　　C．黄铜　　D．青铜

2．汽车上用于制造发动机摇臂衬套、活塞销衬套、轴套、轴瓦等的材料是（　　）。

A．纯铜　　B．黄铜　　C．锡青铜　　D．特殊青铜

3．汽车上用于制造重载荷轴瓦的材料是（　　）。

A．纯铜　　B．黄铜　　C．锡青铜　　D．特殊青铜

4．铁制品在通常情况下很容易生锈，制造时往往在铁制品表面电镀一层铜，起到防锈作用。对此下列说法正确的是（　　）。

A．镀铜铁制品不可以在弱酸性条件下使用

B．镀铜铁制容器可盛放硝酸银溶液

C．镀铜铁制品不易生锈的原因之一是使铁隔绝了空气

D．镀铜铁制品是一种合金

三、判断题（正确的在括号内打“√”；错误的在括号内打“×”）

1．纯铜牌号的顺序号越大，表示铜的纯度越高。（　　）

2．HPb59-1 表示含铜量为 59%、含铅量为 10% 的铅黄铜。（　　）

3．锡青铜的含锡量一般都超过 14%。（　　）

4．铝青铜的强度、硬度和塑性优于锡青铜。（　　）

四、简答题

1．纯铜有哪些特性？其在汽车上的应用有哪些？

2. 什么叫普通黄铜？普通黄铜有哪些特性？

3. 什么叫特殊黄铜？加入的合金元素对其性能有什么影响？

4. 什么叫特殊青铜？举例说明特殊青铜有哪些特性。

5. 发动机曲轴轴瓦是用什么材料制造的？其对制造材料有什么要求？

§7—3 滑动轴承合金

一、填空题（将正确答案填写在横线上）

1. 轴承在机械上的作用主要是支撑零件，并且可以有效减轻零件之间的________，从而延长零件的使用寿命。

2. 根据轴承表面摩擦的性质不同，轴承可以分为____________和____________两种。

3．用来制造滑动轴承轴瓦或内衬的合金称为________。滑动轴承的主要特点是________、________、________，故常用于高速重载的场合，如汽车发动机的________、________和凸轮轴轴承都采用了滑动轴承。

4．常用滑动轴承合金有________轴承合金、________轴承合金、________轴承合金和________轴承合金四种。

二、选择题（将正确答案的代号填写在括号内）

1．为了减少轴的磨损，保证轴承正常工作，轴承合金应具备的性能不包括（　　）。

A．合适的硬度

B．足够的强度和耐磨性

C．足够的塑性和韧性

D．良好的导热性、耐蚀性和高膨胀系数等

2．ZPbSb10Sn6 属于（　　）轴承合金。

A．锡基　　B．铅基　　C．铜基　　D．铝基

三、判断题（正确的在括号内打“√”；错误的在括号内打“×”）

1．铅基轴承合金常用来制造承受重载荷的高速轴承。（　　）

2．铅基轴承合金也称为巴氏合金。（　　）

四、简答题

1．滑动轴承合金必须具备哪些性能？

2．简述锡基、铅基、铜基、铝基轴承合金的成分、特性及其应用。

§7—4　其他有色金属

一、填空题（将正确答案填写在横线上）

1. 镁合金可分为________镁合金和________镁合金。汽车上常用的主要是________镁合金。

2. 按组织类型不同，钛合金可分为________钛合金、________钛合金和________钛合金。

3. 粉末冶金是用几种金属粉末（或金属粉末和非金属粉末）作为原料，经____________和____________，制成____________或者____________的工艺方法。

二、选择题（将正确答案的代号填写在括号内）

1. 选择制造下列汽车零件的材料：车门手柄材料为（　　），变速器壳材料为（　　），ABS 齿环材料为（　　），气门弹簧材料为（　　）。

A．镁合金　　　　B．锌合金

C．钛合金　　　　D．粉末冶金材料

2．制造汽车制动蹄片使用的材料为（　　）。

A．镁合金　　B．锌合金

C．钛合金　　D．粉末冶金材料

三、判断题（正确的在括号内打“√”；错误的在括号内打“×”）

1．镁合金也是汽车轻量化材料。（　　）

2．粉末冶金可用于制造汽车正时齿轮。（　　）

3．锌呈蓝白色，密度为 7.14 g/cm^3，在室温下刚度较大。（　　）

四、简答题

1．简述镁合金在汽车上的主要应用。

2．钛合金有哪几种？试分别简述它们的特性和应用。

3．简述粉末冶金材料在汽车上的主要应用。

第八章　非金属材料与复合材料及其在汽车上的应用

§8—1　塑　　料

一、填空题（将正确答案填写在横线上）

1．塑料是以__________为基体，并加入某些________而制成的高分子材料。

2．汽车塑料零部件主要有________、________和________三类。

3．塑料可以通过添加不同的________来改变它的__________及______________，以适应不同汽车零部件的要求。

4．塑料的种类有很多，通常按塑料的______________和______________分类。按成形工艺性能可分为____________和____________；按使用特性可分为____________、____________和____________。

5．目前，塑料在轿车上的用量约占全车质量的________左右。

二、选择题（将正确答案的代号填写在括号内）

1．用来制造汽车保险杠的塑料是（　　）塑料。

A．ABS　　B．PE　　C．PP　　D．PMMA

2．与金属材料相比，塑料的（　　）要好。

A．刚度　　B．强度　　C．韧性　　D．比强度

3．增强塑料属于（　　）塑料。

A．热塑性　　B．热固性　　C．工程　　D．特种

4．汽车电气零件广泛采用（　　）作为绝缘体。

A．塑料　　B．橡胶　　C．陶瓷　　D．纸制品

三、判断题（正确的在括号内打“√”；错误的在括号内打“×”）

1．塑料在汽车上只用于制作各种内装饰件。（　　）

2．聚氯乙烯属于热固性塑料。（　　）

3．ABS 塑料属于工程塑料。（　　）

4．随着塑料性能的不断改进，塑料在汽车上除了广泛用于制造各种内装饰件外，目前已可完全用来替代金属材料。（　　）

四、名词解释

1．热塑性塑料

2．热固性塑料

五、简答题

1．用连线将下列汽车零件与其常用的塑料制造材料名称连接起来。

前围板	ABS 塑料
保险杠	聚苯醚
风扇叶片	聚四氟乙烯
小型齿轮	聚氯乙烯
密封圈	聚酰胺
车室地垫	聚丙烯

2．塑料具有哪些主要特性？

§8—2 橡　胶

一、填空题（将正确答案填写在横线上）

1．橡胶是以________为主要原料，加入适量________，经________处理后得到的一种材料。

2．橡胶按其原料来源不同，分为____________、____________和____________三大类；按其性能和用途不同，分为____________和____________两大类。

3．橡胶的基本性能有_______________、_______________、_______________、________________等，但橡胶的________差，____________低，容易________。

4. 天然橡胶是一种综合性能优良的高弹性物质，大量用于制造________以及各种________、________等橡胶制品。

5. 再生橡胶是利用________________经再加工而成的橡胶材料。

二、选择题（将正确答案的代号填写在括号内）

1. 用来制造汽车正时传动带的橡胶材料是（　　）橡胶。

A．丁苯　　B．三元乙烯　　C．氟

2. 橡胶具有极高的弹性，伸长率最高可达（　　）。

A．10%　　B．100%　　C．1 000%　　D．10 000%

三、判断题（正确的在括号内打"√"；错误的在括号内打"×"）

1. 生胶一般不能直接制造橡胶制品。（　　）
2. 橡胶在一定温度下失去弹性而具有可塑性，称为热固性。（　　）
3. 在橡胶中加入配合剂是为了提高和改善橡胶制品性能，扩大其使用范围。（　　）
4. 合成橡胶是指以合成生胶制成的橡胶材料。（　　）
5. 橡胶在汽车上的应用就是用来制造轮胎。（　　）

四、简答题

1. 橡胶是如何分类的？其主要特性有哪些？

2. 简述汽车常用橡胶的种类、主要特性及应用。

§8—3 玻　璃

一、填空题（将正确答案填写在横线上）

1. 玻璃是由________等硅酸盐矿物材料经过________和________而制成的非金属材料。
2. 为了保障安全，常用的汽车玻璃有____________和____________等。
3. 据统计，轿车的玻璃使用量约占轿车总质量的________%。
4. 车用玻璃的种类有____________、________________和____________。
5. 一般来说，国产汽车玻璃上的标志可分为___________________、___________________、___________________和___________________四大类。
6. CCC（“3C”）认证即是________________，其英文名称为____。

二、选择题（将正确答案的代号填写在括号内）

1. 玻璃是（　　）材料家族中的一员。
   A．塑料　　B．橡胶　　C．陶瓷　　D．复合
2. 安全性最好的汽车玻璃是（　　）玻璃。
   A．钢化　　B．区域钢化　　C．夹层　　D．平面
3. 俗称的“方圆标志”，是汽车玻璃的（　　）标志。
   A．国家强制认证　　B．国外认证　　C．生产厂家
4. 普通轿车的后风窗玻璃采用（　　）玻璃。
   A．平面　　B．钢化　　C．夹层　　D．防弹

三、判断题（正确的在括号内打“√”；错误的在括号内打“×”）

1. 钢化玻璃属于高级的安全玻璃，应用于高级轿车的前风窗玻璃。（　　）
2. 钢化玻璃一旦破碎，碎片无尖锐棱角。（　　）
3. 区域钢化玻璃由于没有完全钢化，不能用于制造汽车的风窗玻璃。（　　）
4. 玻璃上的 DOT 标志是美国的安全认证标志。（　　）

四、简答题

1. 车用玻璃有哪几种？对车用玻璃有什么要求？

2．汽车前风窗玻璃使用普通钢化玻璃是否合适？为什么？

3．解释玻璃上有关标志、英文及字母的含义。

（1）（DMLQA）DOT814

（2）E000666

（3）CCC

（4）M532AS2

（5）TEMPSAFETY GLASS

§8—4 陶　　瓷

一、填空题（将正确答案填写在横线上）

1．氧化铝陶瓷在汽车上常用于制造______________、________、________和柴油发动机喷油嘴等零件。

2．目前在汽车上应用的陶瓷材料主要有____________和____________两大类。

3．按使用性能分类，特种陶瓷分为____________和____________两大类。

二、选择题（将正确答案的代号填写在括号内）

1．陶瓷是（　　）材料。

A．合金　　B．无机非金属　　C．有机非金属　　D．金属

2．汽车火花塞上的陶瓷属于（　　）陶瓷。

A．普通　　B．特种　　C．工程　　D．氧化

三、判断题（正确的在括号内打“√”；错误的在括号内打“×”）

1．氧化铝陶瓷可用于制造发动机活塞。（　　）

2．功能陶瓷在汽车上主要用来制造传感器。（　　）

四、简答题

简述陶瓷在汽车传感器上的应用。

§8—5 复合材料

一、填空题（将正确答案填写在横线上）

1．复合材料是由________或________不同性质的材料，通过物理或化学的方法，在宏观上组成的具有新性能的材料。

2．纤维增强塑料（FRP）主要由________、________和________三部分组成。

3．车用复合材料具有的优点是比强度和________高、________________、减振能力强等。

二、选择题（将正确答案的代号填写在括号内）

1．下列选项中，不是复合材料缺点的是（　　）。

A．断裂伸长率大　　B．抗冲击性差

C．抗剪强度低　　D．成本比其他工程材料高

2．复合材料中的（　　）是汽车轻量化最重要的材料。

A．CFRP　　B．FRP　　C．FRM　　D．颗粒复合材料

三、判断题（正确的在括号内打“√”；错误的在括号内打“×”）

1．复合材料的缺点是断裂伸长率较小，抗冲击性差，横向拉伸和层间抗剪强度较低，成本比其他工程材料高得多以及工艺成形方法尚需改进。（　　）

2．晶须纤维系增强陶瓷具有高强度、高抗断裂韧性的性能特点。（　　）

3．碳纤维塑料（CFRP）是玻璃纤维的一种。（　　）

四、简答题

1. 什么叫复合材料？简述复合材料在汽车上的应用。

2. 简述车用复合材料的特点。

§8—6 胶 黏 剂

一、填空题（将正确答案填写在横线上）

1．胶黏剂又称为________或________，是一种能将两种材料粘接在一起的____________。

2．按用途分，汽车用胶黏剂有____________________、____________________、____________________、____________________和____________________等几大类。

3．在汽车维修中，常用的胶黏剂有____________________、____________________和____________________等。

4．胶黏剂中的添加剂种类繁多，它们是根据胶黏剂的性能和使用要求来选择的。常用的添加剂有________、________、________、________、________等。

二、选择题（将正确答案的代号填写在括号内）

1．下列不属于胶黏剂特性的是（　　）。

A．良好的密封性　B．耐腐蚀性　C．绝缘性　D．透气性

2．按胶黏剂的性能及使用场合分，不属于胶黏剂类型的是（　　）。

A．绝缘胶黏剂　B．结构胶黏剂　C．密封胶黏剂　D．无机胶黏剂

三、判断题（正确的在括号内打“√”；错误的在括号内打“×”）

1．胶黏剂既能粘接材料，又能填充零件裂纹和孔隙缺陷等。（　　）

2．汽车维修常用的密封胶是胶黏剂的一种。（　　）

四、简答题

1．为什么胶黏剂在汽车制造和维修中得到广泛应用？

2．汽车维修常用的环氧树脂、酚醛树脂、磷酸—氧化铜胶黏剂各有什么性能和应用？

§8—7 摩擦材料

一、填空题（将正确答案填写在横线上）

1. 摩擦材料是一种应用在动力机械上，依靠___________来执行制动或传递动力的部件材料。汽车上的______________和______________都是摩擦材料制成的。

2. 摩擦材料按其摩擦特性不同分为______________和______________。低摩擦系数材料又称减摩材料或润滑材料，其作用是减少机械运动中的___________，降低______________，延长___________。

3. 摩擦材料属于高分子三元复合材料，它包括以下三部分：以高分子化合物为_______；以无机或有机纤维为___________；以_______为摩擦性能调节剂或配合剂。

二、选择题（将正确答案的代号填写在括号内）

1. 下列不属于无石棉摩擦材料的是（　　）摩擦材料。

A. 半金属　　B. NAO

C. 碳纤维　　D. 石棉纤维

2. 下列制品中，不是摩擦材料组成部分的是（　　）。

A. 黏结剂　　B. 增强组分　　C. 填料　　D. 硬钢纸板

三、判断题（正确的在括号内打“√”；错误的在括号内打“×”）

1. 摩擦材料所用的有机黏结剂为酚醛类树脂和合成橡胶，而以合成橡胶为主。（　　）

2. 摩擦系数是评价任何一种摩擦材料的一个最重要的性能指标，关系着摩擦材料执行传动和制动功能的好坏，它是一个常数。（　　）

四、简答题

1. 简述摩擦材料的技术要求。

2. 简述摩擦材料使用填料的目的。

§8—8 其他非金属材料

一、填空题（将正确答案填写在横线上）

1. 纸板制品在汽车上主要用来制作各种________，用于汽车零部件连接部位的________。常用的纸板制品有__________、__________、__________、__________等。

2. 软木板由颗粒状的软木用________、________等胶黏剂黏合而成。

3. 石棉具有高度________、__________和________，是重要的防火、绝缘和保温材料。

二、选择题（将正确答案的代号填写在括号内）

1. 下列不属于石棉特性的是（　　）。

A. 高抗张强度　　B. 高挠性

C. 耐化学和热侵蚀性　　D. 塑性

2. 下列制品中，不能用毛毡制成的是（　　）。

A. 油封　　B. 滤芯　　C. 衬垫材料　　D. 油管

三、判断题（正确的在括号内打“√”；错误的在括号内打“×”）

1. 石棉具有良好的柔软性、绝热性，以及较好的防腐性和吸附能力。（　　）

2. 汽车上的气缸垫是石棉制品。（　　）

四、简答题

汽车常用的纸板制品、石棉制品有哪几种？各有什么用途？

第九章　汽车电工材料

§9—1　绝 缘 材 料

一、填空题（将正确答案填写在横线上）

1．汽车电气设备中的电气元件采用了大量的绝缘材料，如分电器中的分电器盖、分火头、____________、____________、________。

2．绝缘材料的稳定性和可靠性是电气设备正常工作的基础，电气设备的功能和工作极限在很大程度上取决于绝缘材料的________和________。

3．气体绝缘材料有________、氮气、________和六氟化硫等；液体绝缘材料有________、断路器油、________、电缆油等；固体绝缘材料有________、绝缘胶、绝缘纸、绝缘浸渍纤维制品、云母制品、________、________、橡胶等。

4．汽车前后护板通常用________绝缘材料。

5．汽车灯泡的绝缘材料是________。

6．电动机转子中漆包线的作用是________。

7．电工用黏带分为________、________和________三类。

二、选择题（将正确答案的代号填写在括号内）

1．汽车上用到高压材料的部件是（　　）。

A．点火线圈　　B．电池　　C．计算机　　D．CD 机

2．汽车火花塞电击穿点火，击穿的是（　　）。

A．空气　　B．混合气体　　C．真空　　D．燃油气

3．下列不属于液体绝缘材料的是（　　）。

A．变压器油　　B．断路器油　　C．电容器油　　D．水

4．下列不影响绝缘电阻的因素是（　　）。

A．温度　　B．湿度　　C．纯度　　D．电场强度

三、判断题（正确的在括号内打“√”；错误的在括号内打“×”）

1．绝缘材料是绝对不导电的材料。（　　）

2．油浸式点火线圈中的油的主要作用是散热。（　　）

3．不同绝缘材料发生电击穿的原理和影响因素各不相同。（　　）

四、名词解释

1．绝缘材料的电导率

2．绝缘材料的击穿

3．绝缘强度

五、简答题

1．绝缘材料的基本性能有哪些？

2. 为什么液体绝缘材料能起到绝缘作用？

§9—2 导电材料与半导体材料

一、填空题（将正确答案填写在横线上）

1. 导电材料是主要的电工材料之一，可分为________________、________________、半导体导电材料、________________和________________。

2. 半导体材料有________、________和________等。

3. 汽车电气设备中常用的特殊导电材料有____________、____________、____________、____________、________________、热电偶材料、____________等。

4. 电磁线是一种具有绝缘层的裸导线，常用以绕制________、电工仪表中的______________。其作用是________________________，或________________________，以实现________与________的相互转换。

5. 汽车内部是一个十分复杂的小环境，存在着振动、摩擦、油污、高热、寒冷和电磁辐射等各种复杂条件，因而要求汽车所用电线、电缆除具有良好的导电性能和绝缘性能外，还应具有良好的____________、________、________、________、________和________等能力。

6. 半导体材料按化学成分分为________________、________________、________________、玻璃半导体和________________。

7. 由单一元素组成的半导体材料称为元素半导体，如____________、____________、硼、________、________、硒等。

8. 半导体的导电性还与外界条件（如________、________、电场、________等）有关。当环境温度升高时，其导电能力增强，根据此原理将半导体材料做成了各种________元件。当半导体材料受到光照射时，导电能力变强；当无光照射时，它又变得像绝缘体一样不导电，根据此原理将半导体材料做成了各种________元件。

二、选择题（将正确答案的代号填写在括号内）

1. 下列不属于导电用铜合金的是（　　）。

A．银铜　　B．镉铜　　C．铬铜　　D．青铜

2. 汽车起动机中的碳材料叫作（　　）。

A．换向器　　B．线圈　　C．电刷　　D．磁铁

3．在汽车电气设备中，熔体材料常用于制作（　　）。

A．电线　　B．漆包线　　C．灯丝　　D．熔丝

4．为了使信号损失达到最小，要求电线的电阻率小于（　　）Ω · m。

A．0.5　　B．0.3　　C．0.6　　D．1

5．在电子通信半导体市场中，95% 以上的半导体器件是用（　　）材料制作的。

A．硅　　B．铜　　C．铁　　D．铝

6．下列不属于玻璃半导体材料的是（　　）。

A．氢化非晶硅　　B．非晶硒　　C．硫系玻璃　　D．水晶

三、判断题（正确的在括号内打“√”；错误的在括号内打“×”）

1．金属导体的电阻随温度的降低而减小，当温度降低到一定程度时，会出现电阻突然消失的现象，这种现象称为超导现象。能出现超导现象的物质称为超导体。（　　）

2．铝的导电性比银、铜好。（　　）

3．金的电导率比银大。（　　）

4．碳是较好的绝缘材料。（　　）

5．元素半导体中的晶体硅是制造二极管、三极管、晶闸管、集成电路的主要材料。（　　）

四、名词解释

1．电触点材料

2．漆包线

3．半导体

五、简答题

1．简述熔体材料在汽车电器中的应用。

2．简述漆包线的分类。

3．对电触点材料有什么要求？

4．列出汽车上用到半导体材料的部件。

§9—3 电池材料及其他电工材料

一、填空题（将正确答案填写在横线上）

1．自身具有吸力的磁性材料称为__________；自身不具有吸力但易被磁化也易于去磁的磁性材料称为__________。

2．物质的磁性与其他属性之间存在着广泛的联系，并构成了多种多样的__________效应和双重效应，如________效应、________效应、________效应和________效应等。

3．硬磁材料又称为________材料或________材料。此类材料是经________________制成的，具有较高的____________以及宽大的磁滞回线，并能在较长时间内保持强而稳定的________，因而被广泛应用于现代汽车上。目前，汽车上用量最大的是________、执行器和________等。

4．稀土永磁材料具有优异的永磁特性，如磁体无励磁损耗、不发热、电效率高，用它制造的电动机质量可减小________以上，因此，可减小__________，提高汽车整体性能。

5．________是连接金属零件的一种方法，它是利用比母材（基体材料）熔点低的　　　　作为中间介质，将其与被连接件一起加热到稍高于焊锡的熔化温度后，使焊锡熔化并填满被连接件的间隙，冷凝后即形成牢固的接头，且将零件连接起来。锡焊所用到的材料有________、________和________。

6．常用的助焊剂有____________、____________、________和____________。

二、选择题（将正确答案的代号填写在括号内）

1. 点火线圈的铁芯是（　　）材料。

A. 软磁　　B. 硬磁　　C. 绝缘　　D. 铝

2. 目前最常用的铁氧体软磁材料是（　　）铁氧体。

A. 锰锌　　B. 镍　　C. 锌　　D. 铜

3. 下列不属于常用助焊剂的是（　　）。

A. 无机助焊剂　　B. 有机助焊剂　　C. 松香　　D. 酒水

4. 常用的阻焊剂是（　　）阻焊剂。

A. 光固化型　　B. 冷固化型　　C. 结晶型　　D. 雾化型

三、判断题（正确的在括号内打“√”；错误的在括号内打“×”）

1. 镍氢电池利用储氢合金的氢气吸收、释放反应的电化学可逆性，以氢氧化镍作为负极，以储氢合金作为正极。（　　）

2. 太阳能极其丰富，几乎是无限的能源，太阳每 30 min 辐照到地球上的能量就足够全世界人类使用一年，太阳能为绿色环保能源。（　　）

3. 在外磁场作用下，使原来没有磁性的材料产生磁性的性质叫磁化。（　　）

四、名词解释

1. 锂离子电池

2. 燃料电池

3. 软磁材料

4. 硬磁材料

五、简答题

1．电池材料有哪几种？

2．列出目前广泛应用的焊接方法。

综合试卷一

一、填空题（将正确答案填写在横线上。每空 1 分，共 20 分）

1．汽车材料通常分为________________和________________两大类。

2．含碳量小于 2.11% 的铁碳合金称为_______，含碳量大于 2.11% 的铁碳合金称为_______。

3．金属材料学上通常把____________________________________称为黑色金属，而把除了黑色金属以外的其他金属统称为___________。

4．塑料是以__________为基体，并加入某些_______而制成的高分子材料。

5．燃料通常是指能够将自身储存的_______通过化学反应（燃烧）转变为_______的物质。

6．发动机润滑油的作用主要有_______、_______、_______、_______及_______。

7．汽车制动液俗称_______，是用于汽车_______制动系统中传递压力，以制止车轮转动的液体。

8．汽车电气设备中的电气元件采用了大量的绝缘材料，如分电器中的分电器盖、分火头、______________________、______________________、______________________。

二、选择题（将正确答案的代号填写在括号内。每题 2 分，共 20 分）

1．下列不属于汽车工作液的是（　　）。

A．制动液　　B．液压油　　C．润滑脂

2．下列不属于金属材料使用性能的是（　　）。

A．力学性能　　B．物理性能　　C．焊接性能

3．（　　）是决定钢性能的主要元素。

A．碳　　B．氧　　C．铁　　D．锰

4．不能够热处理强化的变形铝合金是（　　）铝合金。

A．防锈　　B．硬　　C．超硬　　D．锻造

5．用来制造汽车正时传动带的橡胶材料是（　　）橡胶。

A．丁苯　　B．三元乙烯　　C．氟　　D．氯丁

6．评定汽油蒸发性的指标主要有（　　）和饱和蒸气压。

A．馏程　　B．辛烷值　　C．十六烷值

7．汽车火花塞上的陶瓷属于（　　）陶瓷。

A．普通　　B．特种　　C．工程　　D．氧化

8．发动机工作时，燃烧的废气和未完全燃烧的混合气在气缸密封不良时会

蹿入（　　）。

A．曲轴箱　　B．节气门　　C．气门盖　　D．进气管

9．进行车身表面清除细划痕、填平细小针孔作业应选用（　　）。

A．抛光研磨蜡　　B．喷雾蜡　　C．有色上光蜡

10．下列选项中不影响绝缘电阻的是（　　）。

A．温度　　B．湿度　　C．纯度　　D．电场强度

三、判断题（正确的在括号内打"√"；错误的在括号内打"×"。每题1分，共20分）

1．现代汽车已经采用了更多的有色金属材料、非金属材料和粉末冶金材料，钢铁材料正逐渐被代替。（　　）

2．金属材料在使用过程中所受的外力称为载荷。（　　）

3．普通锰钢的含锰量为0.7%～1.2%。（　　）

4．ZG200–400表示屈服强度不大于200 MPa、抗拉强度不小于400 MPa的铸钢。（　　）

5．铝的导电性、导热性良好，仅次于银、铜和金，是铁的两倍，并具有良好的耐腐蚀性能。（　　）

6．纯铜牌号的顺序号越大，表示铜的纯度越高。（　　）

7．塑料在汽车上只用于制作各种内装饰件。（　　）

8．一般来说，高压缩比发动机选用高辛烷值汽油，低压缩比发动机选用低辛烷值汽油。（　　）

9．柴油的十六烷值越低，其自燃点越低，着火延迟期越短，柴油发动机工作越柔和。（　　）

10．汽油的10%馏出温度表示汽油中轻质馏分的含量，其温度越低，汽油发动机在低温时越容易启动。（　　）

11．氧化安定性是指润滑油在储存和使用中抵抗氧化反应的能力。润滑油和空气中的氧气接触会发生氧化反应，引起润滑油变质。（　　）

12．齿轮油要求有良好的黏温性能，否则易造成磨损加剧，使燃油消耗增多。（　　）

13．制动液的平衡回流沸点越低，其高温抗气阻性能就越好。（　　）

14．进行汽车清洗时，如车身附有树粘、鸟粪等污染物，应选用焦油沥青去除剂进行清洗。（　　）

15．仿木质内饰材料的纹路、光泽与实木材料极为相似，使用性能也一样，可完全代替木质材料。（　　）

16．绝缘材料是绝对不导电的材料。（　　）

17．电工用黏带分为薄膜黏带、织物黏带和无底材黏带三类。（　　）

18．碳是较好的绝缘材料。（　　）

19．在外磁场作用下，使原来没有磁性的材料产生磁性的性质叫磁化。（　　）

20．热轧低硅钢片厚度一般为0.5 mm，主要用作发电机和电动机转动部件材料。（　　）

四、简答题（每题 10 分，共 40 分）

1．什么叫塑性？衡量塑性的指标有哪些？其在汽车上的应用如何？

2．常用变形铝合金有哪几种？常用铸造铝合金有哪几种？

3．什么叫爆震燃烧？爆震燃烧对汽油发动机有何危害？

4．如何选用合成型制动液？使用时应注意哪些事项？

综合试卷二

一、填空题（将正确答案填写在横线上。每空 1 分，共 20 分）

1．汽车运行材料通常是指汽车________所消耗的材料，主要包括________、____________及________等。

2．金属材料的主要力学性能指标有________、________、________、________和____________。

3．常用的热处理方式有________________和________________两大类。

4．渗碳是将钢件放在含碳介质中________并____________，使活性碳原子渗入表层，以增加________含碳量的热处理工艺。

5．常用的变形铝合金有________________、________________、________________和________________四种。

6．________清洗剂既有清洗功能，又有打蜡功能，过程非常方便快捷，但只适用于比较干净的车身。

7．汽车前后护板通常用________绝缘材料。

二、选择题（将正确答案的代号填写在括号内。每题 2 分，共 20 分）

1．下面不属于金属材料工艺性能的是（　　）性能。

A．铸造　　B．压力加工　　C．化学

2．中温回火的温度在（　　）℃范围内。

A．150 ~ 250　　B．250 ~ 500　　C．500 ~ 650　　D．650 ~ 727

3．汽车上用于制造导线的材料是（　　）。

A．铝合金　　B．纯铜　　C．黄铜　　D．青铜

4．为了减少轴的磨损，保证轴承正常工作，轴承合金应具备的性能不包括（　　）。

A．合适的硬度

B．足够的强度和耐磨性

C．足够的塑性和韧性

D．良好的导热性、耐蚀性和高膨胀系数

5．轮胎规格 185/70 R13 86T 中的 R 表示（　　）。

A．负荷能力　　B．速度标志　　C．子午线轮胎　　D．无内胎轮胎

6．（　　）既是控制柴油蒸发性的指标，也是保证柴油安全性的指标。

A．馏程　　B．闪点　　C．凝点

7．普通车辆齿轮油与国际 API 标准的（　　）性能相对应。

A．GL–4　　B．GL–5　　C．GL–3

8．乙二醇型防冻液的牌号是按（　　）划分的，在使用时应根据车辆使用地区冬季的最低气温来选择适当的牌号。

A．冰点　　B．熔点　　C．沸点

9．隔热性、保温性、隔紫外线、防爆性最好的车膜是（　　）。

A．茶纸　　B．防爆膜　　C．防晒隔热膜

10．汽车起动机中的碳材料叫作（　　）。

A．换向器　　B．线圈　　C．电刷　　D．磁铁

三、判断题（正确的在括号内打“√”；错误的在括号内打“×”。每题1分，共10分）

1．缓慢增加后保持大小和方向不变的载荷叫静载荷。（　　）

2．经过碳氮共渗后的钢件表面具有很高的硬度、耐磨性和抗疲劳强度，并具有一定的耐蚀性。（　　）

3．铝青铜的强度、硬度和塑性优于锡青铜。（　　）

4．ABS塑料属于工程塑料。（　　）

5．柴油50%馏出温度的高低直接影响柴油发动机的启动性能。（　　）

6．齿轮油中要添加防锈剂和防腐剂，使之在金属表面形成一层保护膜，以阻止对金属的侵蚀。（　　）

7．浓缩液是为了便于储运，使用时需加水稀释的浓缩液体，它与蒸馏水以60%：40%（体积比）混合，冰点不高于-37℃。（　　）

8．车膜的主要作用是遮挡太阳的紫外线辐射，降低车内温度。（　　）

9．电工用黏带分为薄膜黏带、织物黏带和无底材黏带三类。（　　）

10．金的电导率比银要好。（　　）

四、名词解释（每题4分，共20分）

1．强度

2．热固性塑料

3．黏温性

4．制冷剂

5．绝缘强度

五、简答题（每题 10 分，共 30 分）

1．什么是正火？正火的目的是什么？

2．简述汽车常用橡胶的种类、主要特性及应用。

3．汽车上常用的液压油品种有哪些？各适用于哪些范围？使用中应注意哪些事项？

综合试卷三

一、填空题（将正确答案填写在横线上。每空 1 分，共 20 分）

1. 优质碳素结构钢按其含锰量不同，分为________________和________________两大类。

2. 黄铜具有良好的________和________，在汽车上主要用于制造导线。

3. 按组织类型不同，钛合金可分为________钛合金、________钛合金和________钛合金。

4. 橡胶是汽车上不可缺少的材料，其中用量最大的制品是________，目前全世界生产的橡胶约________用于制造轮胎。

5. 汽油的蒸发性是指汽油由________状态转化为________状态的能力。

6. 在保证润滑的前提下，应选用黏度等级________的齿轮油；应尽可能选用多级油，以避免季节换油造成的________。

7. 目前，我国自动变速器油按石化公司标准分为________、________和________三种。

8. 纺织面料可分为____________、____________、____________和____________等。

二、选择题（将正确答案的代号填写在括号内。每题 2 分，共 20 分）

1. 下列材料中，不属于石油替代燃料的是（　　）。

A. 天然气　　B. 酒精　　C. 醇类燃料

2. 下列材料中，属于碳素结构钢的是（　　）。

A. ZG200–400　　B. 40　　C. T8　　D. Q235A

3. 制造汽车制动蹄片使用的材料为（　　）。

A. 镁合金　　B. 锌合金　　C. 钛合金　　D. 粉末冶金

4. 若轮胎按汽车种类分类，则 PC 属于（　　）轮胎。

A. 轿车　　B. 轻型载货汽车　　C. 重型载货汽车　　D. 农用车

5. 为了改善柴油的低温流动性，扩大柴油的使用范围，除在炼制时采用脱蜡的方法外，一般常采用掺入（　　）和添加低温流动性能改进剂等方法来降低其凝点。

A. 裂化煤油　　B. 汽油　　C. 煤油

6. 评定汽油蒸发性的指标主要有（　　）和饱和蒸气压。

A. 馏程　　B. 辛烷值　　C. 十六烷值

7. 为延长车辆齿轮油的使用期限，油中都加有（　　），以改善其热氧化安定性。

A. 抗氧化剂　　B. 抗水剂　　C. 防腐剂　　D. 抗磨剂

8. 国际研究结果认为（　　）是比较理想的一种替代 R12 的制冷剂。

A. R134a　　B. R22　　C. 水

9. 防晒隔热膜可有效阻隔紫外线在（　　）以上，将红外线阻隔率提高为 30% ~ 95%。

A. 0%　　B. 90%　　C. 95%

10. 在当今电子通信半导体市场中，95% 以上的半导体器件是用（　　）材料制作的。

A. 硅　　B. 铜　　C. 铁　　D. 铝

三、判断题（正确的在括号内打"√"；错误的在括号内打"×"。每题 1 分，共 20 分）

1. 导热性好的材料，散热性也好。（　　）
2. 冲击载荷的破坏作用要比静载荷的破坏作用大。（　　）
3. 合金钢只有经过热处理后，才能显著提高其力学性能。（　　）
4. 耐磨钢通常是指在强烈冲击和挤压作用下具有高耐磨性能的高锰钢。（　　）
5. 粉末冶金可用于制造汽车正时齿轮。（　　）
6. 锌呈蓝白色，密度为 7.14 g/cm^3，在室温下刚度较大。（　　）
7. 钢化玻璃一旦破碎，碎片无尖锐棱角。（　　）
8. 区域钢化玻璃由于没有完全钢化，不能用于制造汽车的风窗玻璃。（　　）
9. 柴油的黏度小，能提高雾化质量，降低油耗，故柴油的黏度越小越好。（　　）
10. 汽油质量是影响汽车技术状况和汽车排放的重要因素。（　　）
11. 汽油发动机工作条件的苛刻程度与发动机进、排气系统中有无附加装置及其类型无关。（　　）
12. 为了使车辆齿轮油泡沫生成少、消散快，油中需添加抗泡剂。（　　）
13. 制动液的橡胶配伍性可通过皮碗试验来评定。（　　）
14. 用乙二醇浓缩液配制防冻液时，乙二醇含量越高，其冰点就越低。（　　）
15. 进行洗车作业时，可用洗衣粉或洗洁精代替专业清洗剂洗车。（　　）
16. 黄牛皮面料具有表面细腻、手感柔软、质地坚实而富有弹性、毛孔小等特点。（　　）
17. 不同的绝缘材料，发生电击穿的原理和影响因素各不相同。（　　）
18. 镍氢电池利用储氢合金的氢气吸收、释放反应的电化学可逆性，以氢氧化镍作为负极，以储氢合金作为正极。（　　）
19. 元素半导体中的晶体硅是制造二极管、三极管、晶闸管、集成电路的主要材料。（　　）
20. 铝镍钴系永磁合金以铁、镍和铝为主要成分，并加入铜、铁、钛等元素，进一步提高其性能。（　　）

四、简答题（每题 10 分，共 40 分）

1. 说明下列铝合金代号的名称和用途。

（1）ZL101

（2）ZL201

（3）ZL301

（4）ZL401

（5）YL102

2．汽油发动机对汽油的性能有哪些要求？

3．汽车防冻液的作用是什么？对防冻液的基本要求有哪些？

4．磁性材料有哪几种？各种磁性材料分别有什么特性？

综合试卷四

一、填空题（将正确答案填写在横线上。每空 1 分，共 20 分）

1．调质的热处理工艺是________。经调质处理后的钢件具有良好的________________________________。

2．按化学成分不同，青铜可分为________和______________两大类。按加工方法不同，青铜又可分为________________和________________两种。

3．车用玻璃有________玻璃、____________玻璃、________玻璃三种。

4．我国发动机润滑油按发动机的类型分为________________和________________两大类，每一类润滑油又按使用性能和黏度分成若干等级。

5．国家标准规定合成型制动液有________、________和________三个牌号。

6．皮革面料主要有牛皮、羊皮、猪皮等，汽车用皮革主要以________、________为主。

7．电工用黏带分为________黏带、________黏带和________黏带三类。

8．汽车灯泡的绝缘材料是________。

二、选择题（将正确答案的代号填写在括号内。每题 2 分，共 20 分）

1．在外力作用下，金属材料抵抗永久变形和断裂的能力是金属材料的（　　）。

A．强度　　B．塑性　　C．硬度

2．下列不属于蠕墨铸铁常用牌号的是（　　）。

A．RuT340　　B．RuT330　　C．RuT260　　D．65Mn

3．ZPbSb10Sn6 属于（　　）轴承合金。

A．锡基　　B．铅基　　C．铜基　　D．铝基

4．复合材料中的（　　）是汽车轻量化最重要的材料。

A．CFRP　　B．FRP　　C．FRM　　D．颗粒复合材料

5．燃气是（　　）的统称。

A．天然气和石油气　　B．天然气和氢气

C．石油气和氢气

6．现代轿车的驱动桥齿轮采用准双曲面齿轮，因其轴线偏置量较大，在车速高时会使齿轮、齿面间的相对滑动速度很高，油温将为（　　）℃。

A．160 ~ 180　　B．180 ~ 230　　C．230 ~ 280

7．润滑脂是由（　　）和润滑液体（基础油）组成的一种具有塑性的润滑剂，在常温下呈半固体状态。

A．氧化剂　　B．防腐剂　　C．塑化剂　　D．稠化剂

8.（　　）液压油适用于环境温度变化较大和工作条件恶劣的低压液压系统。

A．L–HL　　B．L–HM　　C．L–HV　　D．L–HR

9．用于去除未喷漆的铝合金轮毂上的氧化膜、水斑点以及制动片粉尘等污迹的专业保护剂是（　　）。

A．铝合金抛光剂　B．轮胎光亮剂　C．皮革清洁保护剂

10．下列材料中，不属于玻璃半导体材料的是（　　）。

A．氢化非晶硅　B．非晶硒　C．硫系玻璃　D．水晶

三、判断题（正确的在括号内打"√"；错误的在括号内打"×"。每题1分，共10分）

1．现代汽车已经采用了更多的有色金属材料、非金属材料和粉末冶金材料，钢铁材料正逐渐被代替。（　　）

2．耐磨钢通常是指在强烈冲击和挤压作用下具有高耐磨性能的高锰钢。（　　）

3．铸造铝合金一般不进行压力加工，只用于铸造成形。（　　）

4．生胶一般不能直接制造橡胶制品。（　　）

5．晶须纤维系增强陶瓷具有高强度、高抗断裂韧性的性能特点。（　　）

6．汽油的10%馏出温度表示汽油中轻质馏分的含量，其温度越低，汽油发动机在低温时越容易启动。（　　）

7．加有降凝、抗氧、抗磨、清净分散剂等多种添加剂的稠化发动机润滑油，使用时油色会很快变深，这是不正常现象，应尽快更换合适的润滑油。（　　）

8．制动液的橡胶配伍性可通过皮碗试验来评定。（　　）

9．进行洗车作业时，可用洗衣粉或洗洁精代替专业清洗剂洗车。（　　）

10．油浸式点火线圈中的油的主要作用是散热。（　　）

四、名词解释（每题4分，共20分）

1．回火

2．特殊黄铜

3．饱和蒸气压

4．平衡回流沸点

5．复合硬磁材料

五、简答题（每题 10 分，共 30 分）

1．简述轮胎规格 185/70 R13 86T 中各项指标的含义。

2．国产制动液分为哪几个等级？简述各等级制动液的主要特性和推荐使用范围。

3．对电触点材料有什么要求？